Bunt gemischte Gedichte

Zum Buch:
In den vorliegenden bunt gemischten Gedichten drückt der Autor seine Gedanken über selbst Erlebtes, Gelesenes, Gehörtes oder Gesehenes aus – manchmal mit Humor oder Ironie, andere Male angemessen ernsthaft. Im Mittelpunkt stehen Alltagsthemen wie Wetter, Geburtstage, Lügen, Nostalgie, Weihnachten, Umweltverschmutzung, Innovationen, Wiedervereinigung, Social Media; aber auch Liebe, Glaube, Leben und Tod sowie Rassismus. Die Gedichte sind nicht sachlogisch, sondern einzig und allein nach ihrer zeitlichen Entstehung sortiert.

Zum Autor:
Johann Harpet wurde 1962 in Herborn geboren. Er ist verheiratet, hat drei erwachsene Kinder und lebt in Fachingen an der Lahn. Er hat Wirtschaftswissenschaften an der Uni in Gießen studiert und ist seit Jahrzehnten bei einem großen, renommierten Konzern in der Finanzdienstleistungsbranche tätig, wo er sich hauptsächlich mit Kommunikationsthemen befasst.

Weitere bei BoD erschienene Gedichte:
In »Tierische Philosophen – Weisheiten aus Teich und Meer in Strophen« (ISBN 978-3-7448-8137-1) verpackt Johann Harpet vorwiegend menschliche Schwächen in Gedichte, in denen Tiere die Protagonisten sind, und regt damit Groß und Klein zum Nachdenken an.

JOHANN HARPET

Bunt gemischte Gedichte

Gedanken um allerlei

Bibliografische Information der Deutschen Nationalbibliothek
Die Deutsche Nationalbibliothek verzeichnet diese Publikation
in der Deutschen Nationalbibliografie; detaillierte bibliografische
Daten sind im Internet über http://dnb.d-nb.de abrufbar.

Umschlaggestaltung, Satz, Herstellung und Verlag:
BoD – Books on Demand

ISBN 978-3-7534-1515-4

Für meine geliebte Familie

»Ein Gedanke kann nicht erwachen, ohne andere zu wecken.«

Marie von Ebner-Eschenbach (1830–1916)

Inhalt

Wetterkapriolen

Heute ists derart stürmisch, so 'n Dreck.
Na und? Du fliegst schon nicht weg.

Heute hält man die Hitze nicht aus.
Na und? Bleibe am besten im Haus.

Heute ists saumäßig kalt, ihr lieben Kinder.
Na und? Es ist Januar – wir haben Winter.

Heute regnet es wie aus Eimern ... Pfütze an Pfütze.
Na und? Greif zu Regenschirm, Gummistiefeln und Mütze.

Heute ists so diesig, dass man nicht die Spur sehen kann.
Na und? Mach doch einfach die Nebelscheinwerfer an.

Heute ist das Wetter ausnahmsweise mal astrein.
Na und? Morgen wirds ganz sicher wieder anders sein.

Die Schlange

Die Schlange sagt zu ihrer Beute:
»Leute, Leute,
Wenn ich mich häute,
Dann heute.«

Die Schnecke

Eine Schnecke verliert durch Pech ihr Haus,
Sie fühlt sich nackt und sieht arg traurig aus.
Aufgrund dessen fragt sie bei einem Makler an,
Ob er ihr vielleicht ein neues verkaufen kann.
»Willst du eins mit oder ohne Keller?« –
»Bitte ohne, dann bin ich schneller!«

Anschließend rast sie wie ein Blitz umher –
So affenschnell ... keiner erkennt sie mehr.

Sie rennt schnurstracks zum Makler zurück
Und versucht nun mit Keller ihr Glück.
Endlich kriecht sie wie gewohnt durchs Land
Und wird wieder von jedem erkannt.

Manche Träume sind Schäume

Ein Mann hatte einen Traum,
Er träumte, er könne fliegen,
Sprang vom allerhöchsten Baum
Und blieb tot unter ihm liegen.

Leute kamen scharenweise angerannt,
Doch war es für Hilfe schon zu spät;
Einen Unterschied hatte er nie gekannt:
Den zwischen Traum und Realität.

Was du heute kannst besorgen, das verschiebe stets auf morgen

»Morgen, morgen, nur nicht heute,
Sagen alle faulen Leute.«
In dem Sprichwort gehts ums sogenannte Prokrastinieren,
Dieses Aufschieben gibts womöglich selbst bei manchen Tieren.
Meistens findet es ein gutes Ende, manchmal allerdings nicht –
Das erfuhr der träge Pechvogel im nachfolgenden Gedicht.

»Um den Kram kümmere ich mich besser morgen,
Darüber mache ich mir heut keine Sorgen.
Das kann ich nächste Woche noch tun,
Derzeit möchte ich viel lieber ruhn.
Die folgenden Monate geh ich die Sache an,
Klasse, dass ich das bis dahin liegenlassen kann.
Das erledige ich im kommenden Jahr,
Ich bin mir sicher, dass es nicht dringend war.«

Auch die Reparatur des Gurts schob er auf,
Und damit nahm die Tragödie ihren Lauf:
Bei Glatteis schleuderte er gegen einen stählernen Pfahl,
Grad liegt er beim Pathologen aufm Tisch aus Edelstahl.

Die Beerdigung findet jedoch erst in drei Wochen statt,
Weil der alte Pfarrer eine rabiate Einstellung hat:
»Tot ist tot«, sagt er, »da kommts sowieso auf ein paar Tage nicht an.
Und weil das so ist, mach ich mich zuallererst an Wicht'geres ran.«

Digital fatal

Alle wollen nur mein Bestes – mein liebes Geld,
Tagtäglich bekomme ich irgendwas zugeschickt,
Dabei habe ich, ich schwöre, kein Stück bestellt
Und hundertpro nirgends »Bestellen« angeklickt.

Mit mir nicht, ihr ... ihr Betrüger!
Ich kündige Festnetz, Handy und dergleichen,
Ich bin nämlich deutlich klüger,
Schon ziemlich bald wird mich gar nichts mehr erreichen.

Der Erfolg kam noch wesentlich schneller als die Feuerwehr,
Keine lästige Zulieferung hat seitdem meine Türschwelle passiert,
Doch klappen auch alle digitalen Kontakte nicht mehr,
Demzufolge fühle ich mich recht einsam und richtiggehend isoliert.

Indes habe ich alles in den Altzustand zurückversetzt,
Erhalte (unbestellte) Pakete, surfe, maile, telefoniere:
Bin gewissermaßen wie zuvor musterhaft tipptopp vernetzt. –
Mal schauen, welche hirnverbrannte Idee ich als Nächstes
ausprobiere.

Der ängstliche Wurm

Ein umwerfend niedlicher Wurm
Hatte chronische Angst vor Sturm.
Plötzlich fegte einer über der Koppel los,
Und er fragte sich verzweifelt: »Was mach ich bloß?«.

Kurz entschlossen kroch er in löchriges Fallobst rein,
Dort würde er zweifelsfrei rundum geborgen sein.
Knapp drinnen, galoppierte ein gieriges Pferd vorbei,
Schnappte sich den Apfel und zerkaute ihn hastig zu Brei.

Als es wieder ganz windstill war,
Sah der Wurm, dass er nichts mehr sah.
Langsam wurde er von der Magensäure atomisiert,
Außerhalb des Apfels wäre ihm todsicher null passiert.

»An apple a day keeps the doctor away«,
sprich, hält kerngesund, wenn ich's korrekt versteh;
Aber das gilt scheinbar nur für den, der ihn isst,
Demnach nicht für den, der sich in ihn verpisst.

Reinhören lohnt sich – versprochen!

Balsam für die Seele ist die Musik,
Eines Tages machte es bei mir klick.
Seither muss ich sie an einem Stück hören,
Und kein Einziger darf mich dabei stören.

Die Klassik, speziell die Romantik, ist mein Favorit,
Da kommt für mich so leicht keine andre Epoche mit.
Genannt seien nur Puccini, Sibelius, Brahms und Strauss –
Mein Wunsch an euch: Probiert es doch bitte selbst einmal aus!

Egoismus versus Altruismus

Zwei Egoisten treffen sich,
Und beide sagen: »Ich! Ich! Ich!«.
Zwei Altruisten gesellen sich dazu,
Von ihnen hört man unentwegt: »Du! Du! Du!«.

Altruismus hört sich fraglos weit sympathischer an,
Obgleich auch dieser beachtlich auf den Keks gehen kann.
Zu viel davon ist nämlich nicht mordsmäßig gut
Und packt bei den Mitmenschen durchaus mal die Wut.
Denn total egal was man auch tut – und das ist fürwahr ein Graus –,
Man sieht im Vergleich zum Altruisten stets etwas herzlos aus.

Dabei ist 'ne natürliche Portion Egoismus vollends okay
Und tut aus diesem Grund anderen auch nicht gerade sonderlich weh.
Es kommt letzten Endes auf ein gesundes Verhältnis beider an,
Wobei man zur idealen Mischung pauschal schlecht was sagen kann.
Obendrein haben die Gene ihre kleinen Finger im Spiel,
Sich mal eben so zu ändern, verlangt also ordentlich viel.

Wie auch immer – ein Versuch ist es partout wert,
Ein Ich-mach-weiter-so wäre oftmals verkehrt.
Achtet drauf, was von beiden ihr in welchem Maß tut,
Dann könnt ihr euch gewiss sein: Ihr fahrt damit recht gut!

Der Obdachlose

Mit stark verbeultem Hut sitzt er auf der eiskalten Straße,
Passanten laufen eilig vorbei mit gerümpfter Nase.
So was von abfällig ziehen sie über ihn her,
Als ob er der brandgefährlichste Verbrecher wär.

Für sein Elend interessieren sie sich nicht.
Warum sollten sie? Das ist ja nicht ihre Pflicht.
Sie ziehen weiter, prompt ist der Kerl vergessen,
Und freuen sich auf ihr warmes Mittagessen.

Der »Verbrecher« friert sehr, denn es ist Januar,
Er denkt an die Zeit, als noch alles anders war.
Sein Leben war das, was man als vorbildlich definiert,
Dann ist jedoch was unglaublich Fürchterliches passiert:
Seine Frau und die beiden Kinder kamen dabei ums Leben,
Der Fahrer eines andren Autos hatte wild Gas gegeben,
Verlor selbst die Kontrolle und streifte ihren Wagen,
Das Bild, das sich bot, war mit Müh und Not zu ertragen.
Ihr Auto prallte frontal gegen einen riesigen Baum,
Die Verletzungen beim Verursacher sah man kaum.
Für seine Familie allerdings kam jede Hilfe zu spät,
Beiden Notärzten war sogleich klar, dass keine Hoffnung besteht.

Mit dem Verlust seiner Liebsten war es um ihn geschehen,
Er befand sich nicht in der Lage, arbeiten zu gehen,
Trank, schluckte Tabletten und nahm zuletzt starke Drogen
Und hat sich selbst und die anderen heftig belogen.
Alsbald verlor er Freunde, Job und das Haus,
Er wusste wahrhaftig weder ein noch aus.

Das Erflehen von Beistand hat er sich aus Stolz nie getraut,
Die Umkehr zur Normalität war indessen schier verbaut.
Daraufhin hat er sich seinem Schicksal ergeben,
Ab da begann sein heutiges trauriges Leben:
Nachts schläft er unter 'ner Parkeiche mit wuchtiger Krone,
Tagsüber bettelt er sich quer durch die Fußgängerzone.

Dieser rührende Leidensbericht ist dafür gedacht,
Dass man sich von Zeit zu Zeit einfach mehr Gedanken macht:
Kein Mensch wird obdachlos, weil er es gerne mag,
Vielmehr häufig durch einen Schicksalsschlag!

Ein unehrlicher Austritt

Ich bin aus der katholischen Kirche ausgetreten,
Früher war ich dort sonntags regelmäßig zum Beten.
Im Augenblick fehlt mir schlechtweg die Zeit dafür,
Weiß Gott, ich setze kaum einen Fuß vor die Tür.

Obendrauf dieser unsägliche Missbrauchsskandal,
Seit dieser Zeit ist mir die Kirche schnurzpiepegal.
Wenn ich ehrlich bin, doch das darf keiner erfahren,
Will ich weiter nichts als die Kirchensteuer sparen.

Der Weg ist das Ziel

»Der Weg ist das Ziel« hat uns Konfuzius einst gelehrt,
Diese Weisheit ist bei Gott alles andere als verkehrt.
Aber was wollte er uns damit eigentlich sagen? –
Das gilt es im Folgenden etwas zu hinterfragen:
Wenn ein Ziel erreicht ist, motiviert es nicht mehr,
Darauf müssen im Nullkommanichts neue her.
Diese Spirale durchzieht beinah unser gesamtes Leben,
Nur auf Ziele zu schauen wird uns null Zufriedenheit geben.
Zufrieden macht vorrangig das, was man zur Zielerreichung tut,
Sich dafür anstrengen, lernen, besser werden ..., das tut uns gut.

Das Geheimnis liegt darin, den Weg bis zum Ziel zu genießen,
Hierbei darf uns das »Gesetz der Polarität« nicht verdrießen:
Dieses besagt, dass der Weg allzeit aus einem Auf und Ab besteht,
Da sich auf der Welt nahezu alles um zwei Gegenpole dreht.
Plus/Minus und Stagnation/Entwicklung seien als Beispiele genannt,
Dass Polarität gegeben ist, wird von einigen förmlich verkannt.
Sie erwarten, dass alles gradlinig verläuft und Erfolg vom Himmel fällt,
Leben allem Anschein nach völlig blauäugig in ihrer eigenen Welt.
Polarität ist für sie bedauerlicherweise die reine Theorie,
Weder Misserfolge noch Rückschläge akzeptieren sie.

Es empfiehlt sich, solch verquere Ansichten besser zu übergehen,
Denn auf der Strecke wird immer mal wieder was Missliches geschehen.
Dieser Umstand darf uns jedoch bei Weitem nicht frustrieren,
Und wir sollten unser Ziel gleich wie nie aus den Augen verlieren.
Durchstehvermögen ist gefragt, und wir lernen dabei denkbar viel,
Müssen uns bei alledem stets bewusst machen: Der Weg ist das Ziel!

Das Ende der Reise

Mit der Geburt beginnt die Lebensreise,
Deren Endstation ist uns allen bewusst,
Und jeder von uns denkt normalerweise:
»Darauf habe ich nicht die geringste Lust.«

Doch der Tod gehört schlechthin dazu,
Er ist quasi der Ausstieg aus unserm Leben;
Trotzdem gilt er als großes Tabu,
Wer will schon gerne den Umgang mit ihm pflegen?

Ich möchte damit nun echt keinem von euch die Laune verderben
Und insofern kurz daran erinnern: Der Weg ist das Ziel!
Genießt also optimal die euch geschenkte Zeit bis zum Sterben:
Liebt, sorgt für Kinder, seid neugierig – ach, da gibt es so viel!

Das Hirngespinst

Ein Hirngespinst ist eine absurde Idee,
Daher ist es zum Scheitern verurteilt per se.
Bei dem, der es spinnt, hat das Hirn klar den Kopf verlassen,
Aus diesem Grund würde das Wort »Gespinst« besser passen.

Ihr Kinderlein kommet

(Kinder sind unsere Zukunft. Insofern bitte nicht ganz ernst nehmen.)

Hurra, hurra, hurra!
Das erste Kindchen ist endlich da.
Alle sind wahnsinnig verzückt,
Der Vater spielt rasend verrückt.

Hurra, hurra!
Das zweite Kind ist da.
Alle sind verzückt,
Der Vater spielt verrückt.

Hurra!
Das dritte Balg ist da.
Manche sind verzückt,
Der Vater wird verrückt.

Aha!
Die ungeplanten Zwillinge (!) sind da.
Die Hebamme ist verzückt,
Der Vater hat sich verdrückt.

Yippie, yippie!
Gleich erfolgt die heiß ersehnte Vasektomie.
Der Vater findet den Eingriff famos,
Pssst! – Seine Frau ist völlig ahnungslos.

Bitte schön – einmal die Nummer zehn!

Wenn wir zu unserm Italiener gehn,
Nehm ich stets die Pizza Numero zehn.
Seit je Tomaten, Käse, Pilze und üppig Knobi dazu,
Mit dem Chef sind wir als Stammgäste bereits seit Jahren per Du.

Luigi machte den Laden neulich erstmals länger dicht,
Und ich leg allergrößten Wert aufn konstantes Gewicht.
Demnach musste ad hoc 'ne Ersatz-Pizzeria her,
Bei der Auswahl taten wir uns leider ungemein schwer.

Die Bedienung empfahl uns, ohne Eile in die Karte zu sehn.
»Nein danke, das ist unnötig. Ich bekomme wie gehabt die Zehn.«
Meine erhoffte Pizza war Bruschetta mit Tomate und Rucola,
Warum zum Teufel ist denn der geliebte Luigi so lange nicht da?

Morgen gehen wir die Sache bei 'nem andren Italiener neu an,
Meine Frau erinnert mich vorher sanftmütig und gut gemeint daran:
»Zehn ist zwar landauf, landab eine Zehn,
Dahinter kann jedoch was andres stehn.«

Ihr Tipp stößt bei mir auf taube Ohren,
Ich halt den Wirrwarr für unverfroren.
Sollte die Zehn nochmals nicht »meine« Pizza sein,
Schalt ich selbstredend brühwarm meinen Anwalt ein.

Ein (be)stechender Artenschutz

Kürzlich wurde ich von einer Hornisse gestochen,
Ich bin vor Schmerzen beinahe zusammengebrochen.
Mein Finger kribbelte, wurde dick, fing an zu nässen,
Erst gut zwei Wochen später war die Sache vergessen.

Gestern flog abermalig so ein Vieh bei uns hinein,
Ich wollte wie gewöhnlich ein wahrer Tierfreund sein,
Schob eine Pappe zwischen Glas und Wand
Und hielt die Falle verkrampft in der Hand.

Postwendend ging ich mit dieser vorsichtig raus,
Entließ die Hornisse sachte ins Gras vorm Haus.
Kurz drauf erwischte vermutlich sie meine Frau am Zeh –
Kaum überraschend tat auch ihr der Einstich höllisch weh.

Hornissen sind per Gesetz beachtlich geschützt,
Und das wird von uns weiterhin unterstützt.
Doch bei zwei Attacken in nur knapp drei Wochen
Möchten wir schon auf ein wenig Mitleid pochen.

Liebenswerte Erdwerfer

Maulwürfe
Graben Gänge
Unter der Erde
Es entstehen aufgeworfene Hügel –
Prügel?

Maulwürfe
Sind blind
Leben im Dunkeln
Dennoch zufrieden und froh –
Chapeau!

Maulwürfe
Sind Säugetiere
Gehören zur Natur
Verschandeln Wiesen ungeniert –
Respektiert!

Maulwürfe
Handeln instinktiv
Wollen niemanden ärgern
Seid zum Verständnis bereit –
Verzeiht!

Maulwürfe
Fressen Insekten
Und auch Schnecken
Unter Naturschutz stehen sie –
Yippie!

Schnecken-Wirrwarr hoch drei

Schnecken
Schleimige Tiere
Langsam, Zug verpasst
Fressen Salate und Gurken –
Schurken.

Schnecken
Haben Häuser
Oder auch keine
Weder sie noch er –
Zwitter.

Schnecken
Wollen leben
Tötet sie nicht!
Sie sind delikates Futter –
Kräuterbutter.

Schnecken
Soeben verdaut
Schon die nächste
Ab in den Schlund –
Gesund?

Ein Stück spätes Glück

Glück auf Dauer, das hat klar nicht jeder,
Das erfuhr ein Mann nach etlichen Jahren:
Bückend nach einer schönen Vogelfeder
Wurde er von einem Pick-up überfahren.

Bei der Bestattung riss noch das Seil,
Der Sarg plumpste mit Karacho in die Tiefe;
Glück im Unglück ... die Kiste blieb heil –
Weit besser wärs, wenns zu Lebzeiten so liefe.

Das unabwendbare Ereignis

Herr X hatte große Angst vorm Tod,
Er schlief deshalb niemals und nirgendwo ein,
Nachts saß er aufrecht im Bett – wie im Lot –
Und log sich ewig vor, nicht müde zu sein.

So konnte ihn der Tod nicht klammheimlich holen,
Doch Herr X wurde leider mehr und mehr krank,
Er war kreidebleich vom Kopf bis zu den Sohlen,
Bis er eines Tages tot zusammensank.

Fazit:
Sterben muss ein jeder irgendwann,
Niemand weiß wann und wo,
Es gibt keinen, der's verhindern kann –
Das Leben ist halt so!

Des Menschen bester Freund

Herr Jedermann hatte einen Hund,
Der hielt ihn schwer auf Trab,
Er war deswegen immer gesund
Und nicht schon mittags schlapp.

Es kam, wie zu erwarten,
Der Hund schlief friedlich ein,
Herrchen lag nur noch im Garten
Und ließ das Laufen sein.

Die Knochen rosteten vor sich hin,
Er machte keinen Finger krumm,
Ihn plagte bereits das dritte Kinn
... urplötzlich fiel er glattweg um.

Warnung!
Der Hund ist unser bester Freund,
Er hält die Herrchen fit,
Verlässt er diese schöne Welt,
Nimmt er die Trägen mit.

Auf falscher Tour mit der Kur

Herr X hatte es übersatt, fett zu sein,
Er fuhr zu einer Schrot-Kur, um richtig zu fasten,
Doch ewig träumte er von Schnitzeln vom Schwein,
Und abends sah man ihn heimlich zur Kneipe hasten.

Auf die Art ging das schon die gesamte Zeit,
Am Tag durchweg leichte Kost,
Abends standen die besten Speisen bereit –
Im Gasthaus »Zur alten Post«.

Nach zwei Wochen wurde er erwischt,
Der Kurarzt konnte es nicht fassen,
Die Waage zeigte das Ausgangsgewicht,
Herr X nahm es sichtlich gelassen.

Stolz wie ein eitler Pfau reiste er ab,
So wird unser Sozialstaat beschissen;
Hämisch schaute er auf den Arzt herab –
Jetzt ruht er sanft aufm weißen Kissen.

Hokuspokus Fidibus
oder: Eine Kugel macht mit uns Schluss

Wir Menschen denken, wir wären der Herr im Ring,
Wir zerstören die Natur und machen sie uns zu eigen,
Behandeln Tiere oft, als wären sie ein Ding,
Doch sind wir winzig klein, wie folgende Gedanken zeigen:
Rund ein zwanzigstel Kubikmeter Volumen hat ein Mensch im Schnitt;
Zugegeben, das hört sich auf Anhieb erst einmal relativ geringfügig an,
Ist aber logisch, denn alle Erwachsenen, Kinder und Babys zählen mit –
Es stellt sich die Frage, was man mit dieser Zahl überhaupt anfangen kann.

Führt euch einmal eine riesenhafte Kugel vor Augen,
Deren Radius Pi mal Daumen vierhundertfünfundfünfzig Meter misst;
Plötzlich beginnt sie, alle Menschen wahllos einzusaugen,
Dicht gepresst, da das Kugelvolumen* kaum größer als das unsre ist.
Sodann wirft eine unsichtbare Macht die Kugel schwungvoll ins Meer,
Sie sinkt auf viertausend Meter und wird beäugt von schaurigen Tieren.
Mit einem Mal ist es da oben an Land durch und durch menschenleer,
Und kein Aas wird sich noch für unseren Untergang interessieren.

Der Erde ist das gleichgültig, sie dreht sich unverdrossen weiter,
Die Natur holt sich alles von uns Geraubte zurück,
Die Tiere genießen ihre Freiheit und sind ausgemacht heiter
Und betrachten unser Verschwinden als ihr großes Glück.

Zum Schluss kehren wir wieder zurück zur Wirklichkeit:
Wir sind noch hier und alles ist so wie bisher;
Seien wir mithin alle zum Umdenken bereit –
Lasst uns beginnen, denkt an die Kugel im Meer!

---

* Für alle, die nachrechnen möchten:
Kugelvolumen $= \frac{4}{3} \cdot \pi \cdot r^3$,
Weltbevölkerung zum Jahreswechsel 2020/2021 $\approx$ 7,84 Mrd.

Die Zeit drängt sehr –
Kampf gegen die Plastikflut im Meer!

Plastik gibt es sprichwörtlich wie Sand am Meer,
Praktisch rund um den Globus wird es genutzt,
Für Spielzeug und vieles andre hält es her
Und trägt dazu bei, dass die Umwelt verschmutzt.

Auch Plastik im Meer und am Strand zeigt unser Umweltverhalten,
Das Zeug wird bekanntlich zu den tödlichsten Fallen,
Denn das Mikroplastik wird irrtümlich für Plankton gehalten,
Noch dazu sehen Plastiktüten aus wie Quallen.

Die Opfer sind meistenteils Schildkröten, Fische, Wale und Delfine,
Arglos fressen sie den gefährlichen und giftigen Dreck,
Es trifft aber auch Seevögel wie Albatrosse und Pinguine,
Sie alle vermuten, es wäre ein wohlschmeckender Snack.

Wie in einem gelben Sack sieht es in vielen Mägen aus,
Weil sich der Mensch die Mühe mit Müll erspart,
Berge von Plastik holt man aus den armen Tieren heraus,
Sie verenden daran auf barbarische Art.

Auch treiben Tausende herrenlose Fischernetze umher,
In denen unzählige Meeresbewohner jämmerlich krepieren,
Denn aus diesen Fanggeräten gibt es kein Entrinnen mehr:
Diese Tierquälerei darf auf gar keinen Fall noch länger passieren!

Als Krone der Schöpfung müssen wir Verantwortung tragen,
Plastikmüll primär vermeiden und naturverträglich entsorgen
Und vereint »NEIN!« zu diesem irrsinnigen Leiden sagen –
Nur so steigt für die hilflosen Tiere die Chance auf ein Morgen.

Ganz nebenbei würden sogar wir Menschen davon profitieren,
Denn wir nehmen schädliche Plastikpartikel mit der Nahrung auf;
Diese finden sich nämlich wieder in Fischen und Krustentieren –
Und damit nimmt die menschliche Sünde ihren vorbestimmten Lauf.

Meine Plage: Die Novembertage

Ehrlich – ich hasse den elften Monat im Jahr,
Muss gestehen, dass das von Anfang an so war.
Mit jedem Tag dauert die Dunkelphase länger an,
Ich frage mich, wie man das so lange aushalten kann.

Doch der Dezember ist gar nicht mehr weit,
Jetzt beginnt für mich 'ne schönere Zeit,
Denn mit der kommenden Wintersonnenwende
Findet der kürzeste Tag ein jähes Ende.

Ab da ist es zum Glück wieder länger hell,
Anfänglich nur um Sekunden, dann ganz schnell,
Bis hin zu der Sommersonnenwende,
Da geht auch der längste Tag zu Ende.

Die Hellphase reduziert sich mit jedem Tag,
Vollauf klar ist, dass ich das eigentlich nicht mag.
Schon geht der Firlefanz von vorne los –
Wie bitte überstehe ich das bloß?

Genug von neunmalklug

Wer stets glaubt, die Weisheit mit Löffeln gefressen zu haben,
Der nervt und sollte sich fortlaufend nur das eine sagen:
Mit Allwissenheit zu prahlen, gleicht dem Stochern in Waben –
Man muss immerzu die höchst schmerzhaften Folgen ertragen!

Die Sanduhr des Lebens

Stell dir vor, deine Lebenszeit wäre ein Haufen Sand,
Und du hütest ihn wohl in deiner leicht gewölbten Hand.
Am Ende eines jeden Tags fällt ein Sandkorn hinunter,
Anfangs bleibst du noch außerordentlich entspannt und munter.

Doch über die Jahre schrumpft der wertvolle Haufen,
Du lamentierst: »Mein Leben ist fast abgelaufen,
Ich wollte liebend gerne noch alles Mögliche tun,
Aber schon in Kürze werde ich in Ewigkeit ruhn.«

Du fängst unverzüglich an, jede Stunde zu genießen,
Lässt dir fortan durch nichts in der Welt mehr den Tag vermiesen,
Tust lediglich das, was dir Spaß und Freude macht –
Die »Sanduhr« hat in dir ein Umdenken entfacht.

Du hörst auf, dich über Kinkerlitzchen aufzuregen,
Beginnst dich gesund zu ernähren und zu bewegen,
Umgibst dich nur noch mit Menschen, die dir wichtig sind,
Und hoffst zutiefst, dass das Häufchen langsamer zerrinnt.

Nämlich erst neuerdings macht dir das Leben restlos Spaß,
Du gibst auf deine alten Tage noch mal richtig Gas,
Um alles Versäumte auf die Schnelle noch nachzuholen,
Jedoch naht das Unaufhaltsame schon auf leisen Sohlen.
Denn jeder weiß, dass man die Zeit nicht aufhalten kann,
So ist das nun einmal, und jetzt bist du schlichtweg dran.
Das letzte Sandkorn kennt keine Gnade –
Für uns ists schade und nochmals schade!

Moral:
Mache mit der ewigen Aufschieberitis Schluss,
Lebe dein Leben von Beginn an mit viel Genuss.
Erledige standhaft alles sofort, wonach dir grade ist,
Damit du am Ende des Lebens nicht sehnlichst etwas vermisst!

Rassismus – ein Übel unserer Zeit!

Wer andre wegen ihrer Herkunft, Hautfarbe,
Religion oder ihrem kulturellen Hintergrund
Hasst, ächtet, demütigt, mobbt, diskriminiert,
Der hat ganz offensichtlich eines nicht kapiert:
Menschen sind nicht unterschiedlich viel wert,
Wer es anders sieht, der sieht es verkehrt.
Derjenige sollte verschämt in einen Spiegel schauen,
Sich eine Zeit lang richtig fest auf beide Backen hauen,
Bis sie gänzlich errötet und geschwollen sind,
Dann verspürt er hoffentlich, wie sehr er doch spinnt.

Aufruf:
Bäumt euch gegen jedwede Form von Rassismus auf,
Denn den gibts leider auch bei uns noch immer zuhauf.
Sorgt gemeinsam dafür, dass der Rassismus baldmöglichst verschwindet,
Damit unsre Gesellschaft dieses Übel endlich überwindet!

So ist das mit dem Lügen

Die meisten von uns Menschen lügen mehrmals am Tag,
Der eine, weil er muss – der andere, weil er mag.
Doch warum werden Lügen immer wieder gesät,
Wenngleich sie die überwiegende Mehrheit so verschmäht?

Lügen stellen eine Art von Fundament der Gemeinschaft dar,
Das hört sich zunächst paradox an, ist aber jedenfalls wahr.
Man lügt, wenn man was anderes sagt, als man denkt oder glaubt,
Trotz alledem sind Lügen zuweilen immerhin erlaubt.
Bei manchen Lügen haben beide Seiten profitiert,
Und sie sind demnach gesellschaftlich sehr wohl akzeptiert.
Andere demgegenüber nutzen dem Lügner allein,
Er katapultiert sich ins Abseits und wird rasch einsam sein.

»Lügen haben kurze Beine«, das erzählt man weit und breit. –
Stimmt, denn mit Lügen am laufenden Meter kommt man nicht weit.
»Wer einmal lügt, dem glaubt man nicht,
Und wenn er auch die Wahrheit spricht.« –
Dieser Spruch passt thematisch gleichermaßen ausgezeichnet ins Gedicht,
Ich denk jedoch nicht, dass das Resümee voll der Realität entspricht.
»Ein Lügner muss ein gutes Gedächtnis haben« hört man zuhauf. –
So ist es, sonst verstrickt man sich in Lügen und fliegt ruckzuck auf.

An diesen Redensarten ist somit zweifelsfrei allerlei Wahres dran,
Es kommt allerdings stets auf die konkreten Umstände einer Lüge an:
Notlügen können besonders zum Schutz andrer mitunter mal nützlich sein,
Also trichtert – gleichgültig wem – nicht unreflektiert derartige Sprüche ein!
»Pinocchio« zu lesen ist zwar für Alt und Jung allemal sehr empfehlenswert,
Seine Motivation fürs Lügen zu ergründen aber gewiss nicht verkehrt.

Ohne Hoffnung geht gar nichts

Die Hoffnung ist für die Menschheit elementar,
Weil sie seit jeher eine Art Triebfeder war.
Die Hoffnung darf deshalb niemals zu früh sterben,
Sonst rennen wir glattweg in unser Verderben.

Fehlende Hoffnung führt zu stark steigender Passivität,
Sorgt für eine Verharrung, bis nicht das Mindeste mehr geht.
So, hoffentlich genug damit auseinandergesetzt –
Es bleibt also weiter dabei: Die Hoffnung stirbt zuletzt!

Ein guter Weg – ganz ohne Steak

Früher aß ich Fleisch in rauen Massen,
Konnte die Finger nicht davonlassen.
Dann sind allerdings binnen zwei Wochen drei Dokus gelaufen,
Die warfen mein Essverhalten von A bis Z übern Haufen.

Das Gezeigte war grauenerregend und nur schwerlich zu ertragen:
Hühnermast, Schlachthof, getötete Wale – will nicht mehr dazu sagen.
Von da an landete kein Tier mehr auf meinem Tisch,
Folglich weder Schwein, Rind, Geflügel ... noch Fisch.

Peu à peu strich ich auch Eier und Milchprodukte vom Speiseplan,
Ernähre mich dementsprechend, wenn möglich, weitestgehend vegan.
Nur manchmal, wenn ich irgendwo eingeladen bin,
Greif ich schon mal zu was »nur« Vegetarischem hin.

Als vegetarisch lebendes Mannsbild erscheine ich kurios,
Werde häufig gefragt: »Bist du krank? Was ist denn bloß mit dir los?«.
Ich hab mir eine Standardantwort erdacht, die ich zum Besten gebe:
»Mein Arzt meint, dass ich ›Veggie‹ die meisten der Dummfrager
überlebe.«

Hin und wieder werde ich noch zum Gespött gemacht,
Es wird hemmungslos und lauthals über mich gelacht.
Inzwischen ist es mir jedoch manchmal beinahe schon egal,
Ich hab ein reines Gewissen und fühle mich äußerst vital.

Und den Lästerern möchte ich abschließend noch das hier sagen:
Eure Intoleranz schlägt mir bisweilen schwer auf den Magen.
Ich zieh doch auch nicht über eure Essgewohnheiten her,
Auch wenns heutzutage sicher ab und zu angebracht wär.

Keine Wahl ist eine Qual!

Ich kann und will es kein bisschen verstehen,
Dass Stimmberechtigte nicht wählen gehen.
Viele setzen am Wahltag keinen Fuß vor die Tür,
Woanders kämpfen die Menschen verzweifelt dafür
Und empfinden einen freiwilligen Wahlverzicht
Durchaus zu Recht wie einen Schlag mitten ins Gesicht.

Ein Märchen: Das Hasenpärchen

Die Häsin wurde unlängst vom bösen Wolf entführt,
Der Hase hat es umgehend innerlich gespürt,
Denn das »Hasi« kommt gewöhnlich pünktlich um acht,
Folglich hat er sich flugs auf die Suche gemacht.

Im tiefen Wald hat der Hase den Wolf alsbald entdeckt,
Dort hält er Hasi in einer dunklen Höhle versteckt.
Der wütende Hase hat den Entführer brutal erschlagen
Und die Beute als Festbraten heim ins Feldlager getragen.

Ihr werdet euch aus gutem Grund wahrscheinlich fragen:
Wie konnte er den großen Kerl derart weit tragen?
Diese Frage ist ohne Zweifel überaus angebracht,
Ich frage mich zudem: Wie hat er ihm den Garaus gemacht?
Und noch eine Frage interessiert mich brennend heiß,
Hasen fressen ausnahmslos Pflanzen, soweit ich es weiß:
Warum hat der Hase das Vieh mit heimgebracht?
Der Wolf kommt als Mahlzeit also nicht in Betracht.

Trotz alledem sollten wir nichts weiter hinterfragen
Und die vielen Ungereimtheiten schlicht ertragen,
Weil Märchen nun mal Märchen sind –
Das weiß doch wirklich jedes Kind!

Ganz schön viel regionales Tohuwabohu I

In einem Hinterhof in Hanau
Schreit der eben geköpfte Hahn »Au!«.

Die Wagner-Festspiele werden in einen Ort nahe bei Reut verlegt,
Übers Festspielhaus in Bayreuth ist ein heftiger Tornado gefegt.

Ich las von einem Mann, der hieß Hagen,
Er starb und liegt begraben in Hagen.

Tausche das zweite N gegen ein G in Hannover,
Schon wird daraus der superwitzige Film »Hangover«.

Eine von zwei putzscheuen, rheinland-pfälzischen Mäusen
Steht aufm Schlauch:
»Mainz ist stellenweise ein grauenvoll dreckiges Loch.« –
»Meins aber auch.«

Ein Dussel aus dem Dorf
Zog um nach Düsseldorf.

Unsere Verdauung findet im Darm statt,
Das lehrt man nicht an der TH in Darmstadt.

In der wunderschönen ostdeutschen Stadt Schwerin
Sind seit langem nicht nur Schlossbesuche schwer in.

Ein betagter Mann aus Dormagen
Hatte einen Dorn im Magen.

Erst um vier Uhr kam endlich ihr Mann heim,
Da gab es gehörigen Krach nachts in Mannheim.

Aus einem Musikgeschäft in Ludwigshafen
Stahlen zwei miese Einbrecher Ludwigs Harfen.

Im städtischen Klinikum in Karlsruhe
Bemühen sie sich besorgt um Karls Ruhe.

Im berühmten Spielcasino in Baden-Baden
Gehen zwei befreundete Zocker übel baden.

In einer Zahnarztpraxis in Dortmund
Hört man: »Mir tuts verdammt weh, dort im Mund.«

In einem Wirtshaus in Oberammergau
Schlägt der Koch den Ober mit 'nem Hammer blau.

Um die Ecke von Bad Segeberg
Gibts ein ultragroßes Sägewerk.

Nachts in Kelsterbach am Main
Macht 'ne Elster Krach im Hain.

Beim Weiden im winterlichen Odenwald
Werden den Bullen schon mal die Ho...* kalt.
* Bitte selbst ergänzen. Tipp: Hosen sind es nicht.

Nach einer Flatrate-Party in Bad Dürkheim
Schiebt der beste Kumpel aufm Rad den Dirk heim.

Selbst in der mittelhessischen Unistadt Gießen
Wirds zweifellos nicht anhaltend in Strömen gießen.

Letztens brach in Bens Heim in Bensheim
Jemand ein – Näheres blieb geheim.

»In Ulm, um Ulm und um Ulm herum«,
Zungenbrecher übt man besser stumm.

An der Friedrich-Alexander-Uni in Erlangen
Kann man selbstverständlich auch einen Master erlangen.

»Ihre Katze hat sich den Ellenbogen verbogen«,
Diagnostiziert der Tierarzt aus Katzenelnbogen.

Es ist in der Tat unappetitlich, wenn man kopfüber in Eiter fällt,
Das erfuhr am eigenen Leib ein angeekelter Arzt aus Eiterfeld.

In einer Fleischerei unweit von Dersau
Macht der Metzger der Sau grade den Garaus.

Ein Gedicht übers Gewicht

Weitere zwei Kilos mehr,
Mensch, wo kommen die denn her?
Ich habe doch wie alltäglich gegessen,
Oder habe ich irgendwas vergessen?

Ich probiere es mit Baucheinziehen und Beinheben,
Natürlich gehen diese Tricks vollständig daneben.
Der Zeiger schlägt aus und landet wiederholt da, wo er stand,
Nunmehr nehme ich ein probates Hausmittelchen zur Hand:
Ich drehe den Zeiger exakt zwei Striche gegen den Uhrzeigersinn,
Stelle mich auf die Waage und schaue couragiert zur Anzeige hin;
Wie von Zauberhand sind die überzähligen Pfunde verschwunden –
Echt, ich hätte lieber 'ne aufrechtere Methode gefunden.

Ein gefährliches Virus! (Corona ist da!)

Ein gefährliches Virus breitet sich aus,
Bleiben wir bitte tunlichst alle zu Haus,
Um die sozialen Kontakte zu reduzieren
Und dadurch Ansteckungsfälle zu minimieren.

Das Virus zwingt uns, auf etliches zu verzichten,
Doch ist das etwa unangemessen? – Mitnichten!
Wenn wir uns nicht alle disziplinieren,
Werden noch viel mehr ihr Leben verlieren.

Das Virus nutzt jeden unserer Fehler aus,
Machen wir ihm gemeinsam einfach den Garaus
Und halten vereint eisern sämtliche Regeln ein,
Dann wird die unselige Zeit bald vorüber sein.

Impfstoffe stehen aktuell bereit,
Entwickelt in unsagbar kurzer Zeit;
Helfen, das lebensbedrohliche Virus zu besiegen,
Bald können wir uns alle wieder in den Armen liegen.

Derweil verbreiten sich Mutationen in Windeseile,
Erfordern noch mehr Disziplin eine längere Weile.
Für die Zukunft müssen wir eines noch verstehn:
Viel sorgsamer mit unsrer Natur umzugehn.
Denn womöglich ist das Virus die Rache der Natur,
Denkt ans Verhalten gegenüber manchen Tieren nur –
Also sozusagen ein viraler Schuss vor den Bug,
Der uns Menschen warnt: Hört auf damit, genug ist genug!

... die Menschheit hat sich aufgerafft,
Es noch mal geradeso geschafft.

Halloween fällt aus, macht euch nix draus

»Süßes oder Saures« fällt dieses Jahr leider Gottes aus,
Wegen Corona verlässt praktisch keine Seele das Haus.
Angenommen, dass uns bis nächstes Jahr eine Lösung gelänge,
Dann gäbe ich den Kindern in jedem Fall die doppelte Menge.

Ich kann die Enttäuschung der Kleinen verstehen,
Kein geliebtes Von-Haustür-zu-Haustür-Gehen.
Seid nicht traurig, alles wird wieder gut,
Schaut nach vorne und verliert nicht den Mut!

Ein »perfektes« Paar: Akrophobie und Klaustrophobie

Wenn ich auf was Hohem stehe, bekomme ich weiche Knie,
Und zusätzlich leide ich unvorstellbar an Klaustrophobie*:
Alles wie Aufzüge, Türme oder Menschenmassen sind mir suspekt,
Ich habe jetzt dafür 'ne echt pfiffige Lösung ausgeheckt:
Urlaub allenfalls noch im eigenen Land am Meer,
Keine auf der Leiter selbstgepflückten Früchte mehr,
Nur noch Treppenlaufen und generell flache Ziele,
Davon gibt es beileibe außerordentlich viele.

Letztlich muss ich mich mit meiner Schwäche arrangieren,
Dann kann mir so gut wie nichts Tragisches mehr passieren.

Sollte unplanmäßig mal kein Ausweichmanöver möglich sein,
Pfeife ich mir als Notlösung eine kleine Tablette rein.
Wenns schlimmer wird, starte ich eine Verhaltenstherapie,
Von Betroffenen habe ich gehört, so was schadet nie.

... und sind meine leidigen Ängste ganz und gar überwunden,
Werde ich alles Hohe, Enge und Gedränge erkunden.

* Klaustrophobie ist Raumangst, für die umgangssprachlich jedoch häufig die
gegenteilige Platzangst [Agoraphobie] verwendet wird. Akrophobie bedeutet
Höhenangst.

Eine herbeigesehnte Zeit!

Ich hoffe aus tiefstem Herzen, es kommt schnellstens die Zeit,
In der man über Rassismus nur mehr aus Büchern erfährt,
Denn dann haben wir es geschafft – es ist endlich soweit:
Jeder hat für jeden tatsächlich ein und denselben Wert!

Oh, du armer Tannenbaum!

Jährlich werden Abermillionen Christbäume aufgestellt,
Eine Tradition, die den Menschen gemeinhin gut gefällt.
Spätestens am Dreikönigstag ist das Gros auf die Straße verbannt,
Wird abgeholt und danach größtenteils geschreddert oder verbrannt.

Dieses nur flüchtige »Nützlichsein« macht mich von klein auf
beklommen,
Hab jedes Jahr Mitleid mit den todgeweihten Bäumen bekommen,
Mir darum schon beizeiten den ersten Kunstbaum zugelegt
Und damit leibhaftig dermaßen viel Aufsehen erregt:
»Du weißt, die Ökobilanz von dem Teil ist unter aller Kanone.« –
»Kann sein, mir ist wichtig, dass ich die Bäume vorm Abholzen
verschone.« –
»Du hast sie wohl nicht mehr alle aufm Christbaum«, bekam ich zu
hören,
Ließ mich jedoch durch Gelaber dieser Art nicht im Geringsten
stören.

Eines schönen Tages war der dritte Plastikbaum hin,
Und den Kindern kam eine neue Idee in den Sinn:
Sie wollten unbedingt mal einen Natur-Christbaum im Haus,
Der unechte besprüht mit Tannenduft reichte nicht mehr aus.
Ich war nicht hellauf begeistert, wollte allerdings keinen Streit,
Und letzten Endes unter dieser Bedingung dazu bereit:
»Der Baum ist hässlich und kein Mensch außer uns würde ihn
kaufen!«,
Das sorgte bei meinen Lieben für ein unbändiges Schnaufen.

Heiligabend schlich ich mich ausgesprochen früh von dannen
Und hielt Ausschau nach auffallend unansehnlichen Tannen.

Ich hatte Glück, schöne waren eh keine mehr da,
Und genau so machen wir es seither jedes Jahr.

Na logisch bekomme ich nach wie vor Sprüche an den Kopf geknallt:
»Du hattest das Bäumchen offenbar nicht regelgerecht festgeschnallt.« –
»Der ist ja krumm, winzig und von unten bis zur Spitze kahl!«,
Doch wisst ihr was? Es ist mir in jeder Hinsicht egal!

Der Geburtstag I

Warum bekommt man zum Geburtstag gratuliert?
Das habe ich als kleines Kind schon nicht kapiert.
Ich habe schließlich nichts Besondres gemacht,
Meine liebe Mutter (!) hat mich zur Welt gebracht.

Man gratuliert zum Examen oder Führerschein,
Aber x-mal zur Geburt muss nun wahrlich nicht sein.
Ich möchte jedenfalls kein Spielverderber sein
Und lasse die vielen »unerwünschten« Gäste rein.

Eine späte »Ehre«

Habt ihr schon mal was vom »Darwin-Award« gehört?
Diese Auszeichnung ist für mich vollauf gestört.
Da werden Menschen posthum für ihren idiotischen Tod »geehrt«,
Das klingt sehr makaber und somit gefühlsmäßig total verkehrt.

Auf der anderen Seite ist es schon ein bisschen zum Lachen,
Es gibt Leute, die kommen auf die verrücktesten Sachen:
Einer zum Beispiel wollte viele Maulwürfe im Garten töten,
Setzte seinen Rasen unter Strom und ging hierbei selber flöten.
Ein anderer musste nachts auf der Autobahn Pipi – das lief schief,
Er sprang über eine Leitplanke und stürzte viele Meter tief.
Auch der ein oder andere wird bei der Preisverleihung bedacht,
Der sich durch eigne Dummheit selbst unfruchtbar gemacht hat.

Dieser Preis greift zurück auf die darwinsche Evolutionstheorie,
Nach ihr vermehren sich lebensuntüchtige Individuen nie,
Verhindern demgemäß die Gen-Weitergabe an die nächste
Generation,
Und von dieser natürlichen Auslese haben ergo alle was davon.

Die schöne Wei(h)nachtszeit

An Weihnachten gibts bekanntlich an allen Ecken Streit,
Und das ausgerechnet in dieser so friedvollen Zeit.
Ich habe ein klein wenig darüber nachgedacht
Und ein paar mögliche Gründe dafür ausgemacht:
Der Großteil von uns strebt am Fest der Liebe nach Perfektion,
Tollste Prachtgeschenke für den Partner, die Tochter ... den Sohn.
Und beim Festschmaus geht hoffentlich kein Funke daneben,
Das würde man sich selbst mit Sicherheit nicht vergeben.

Schon gehen sie los, die unliebsamen Besuche quer durchs Land,
Ein Wunder, dass man überhaupt gemeinsame Termine fand.
Nach drei Tagen sind viele froh, erneut arbeiten zu gehen,
Bei dieser großen Hektik kann ich das vollkommen verstehen.

Etliche sind angespannt und äußerst gestresst,
Schon ein winzig falsches Wort gibt ihnen den Rest.
Dann bricht der Streit aus, ein Meer aus Tränen wird vergossen,
Und im Nu ist die schöne Weihnachtslaune verflossen.

Das Weihnachtsfest sollten wir erheblich entspannter sehen,
Es ist doch nicht schlimm, wenn Sachen einmal danebengehen.
Der eigentliche Sinn von Weihnachten geht zuweilen verloren,
Und man erinnert sich beiläufig: Gottes Sohn wurde geboren!

Es kommt allein drauf an, das Fest besinnlich mit der Familie zu
begehen,
Weihnachten nicht als gewaltigen Überbietungs-Wettbewerb zu
verstehen.
Darum Schluss mit dem Kommerz und Streben nach dem Superlativ,
Wenn wir das beherzigen, geht an Weihnachten bestimmt nix schief!

Innovationen: Sag niemals nie und nimmer!

Es gibt nie im Leben ein Ende bei Innovationen:
Denkt nur einmal an Handys, Selbstfahrautos, Mars-Missionen.
Fast niemand hätte das früher gedacht,
Wenn doch, man hätte ihn ausgelacht.

Eventuell wird einst das Beamen machbar sein,
Wir schalten bequem einen Teleporter ein,
Transferieren uns von A nach B,
Und die Aktion tut auch echt nicht weh.

Drüben gibts einen Körper-Check,
Ist alles noch am rechten Fleck?
Man blickt runter und diagnostiziert:
»Außer vertauschten Füßen nix passiert.«

Der falsche Mut

Hochmütige Menschen sind mir von jeher ein Graus,
Sie denken, sie kennen sich mit allem besser aus,
Sind narzisstisch, blasiert, eigenwillig, arrogant
Und haben die Demut aus ihrem Leben verbannt.

Salomo riet von solch einem Verhalten abzusehen,
Denn »Hochmut kommt vor dem Fall«, gab er zu verstehen.
Diese Weisheit gilt heutzutage genau wir vor circa dreitausend Jahren,
Hochmütige sollten sie befolgen, um sich den bittren Fall zu ersparen!

Im Liegen gehts doch auch

Hornhaut, die kenn ich net,
Lag pausenlos im Bett;
Rosa Fußsohlen wie eh und je,
Von der Ferse bis zum großen Zeh.

(Dieses Gedicht ist einer lieben Verwandten ersten Grades gewidmet, die ihre
komplette Schul- und Studienzeit ohne einen Schreibtisch klarkam und in erster
Linie liegend im Bett lernte.)

Geburtstag II

Ich bin buchstäblich mit den Nerven am Ende,
Hab noch Herzstolpern und ganz schwitzige Hände,
Und nur, weil ich einen Tag älter geworden bin,
Das macht doch beim besten Willen alles keinen Sinn.

Ich hatte vorgestern bei der Feier meine Liebsten um mich,
Es war wunderschön und wir saßen zusammen rund um den Tisch,
Aßen, tranken, plauderten und waren bester Dinge,
Aber dann zog sie sich zu – die verdammte »Anruf-Schlinge«.

Alle fünf Minuten rappelte das Telefon:
»Nur das Allerbeste für dich, mein geliebter Sohn ...« –
»Teures Bruderherz, bleib bitte so, wie du bist ...« –
»Bester Freund, nicht etwa, dass du grade was isst ...«

X-mal lief ich zwischen den Räumen hin und her,
Ich muss offen gestehen, ich kann nicht mehr.
Hab die Lasagne lauwarm runtergeschlungen,
»Happy birthday« wurde ohne mich gesungen.

Nächstes Jahr mach ich das Handy aus,
Ziehe den Stecker vom Festnetz raus.
Mir ists einerlei, obs die andren verstehn,
Ich denke jedoch, mir wirds viel besser gehn.

»Verzeihen« und »Vergeben« erleichtern das Leben

Ach, könnte ich doch nur leichter verzeihen!
Das würde mir neue Kräfte verleihen.
Ach, könnte ich andren schnell vergeben!
Das brächte mehr Ruhe in mein Leben.

Ich muss den ganzen Groll überwinden,
Um meinen innren Frieden zu finden,
Damit auch die alten Wunden heilen,
Darf ich nicht in Bitterkeit verweilen.

Menschen zu vergeben und zu verzeihen,
Wird mich von plagendem Ärger befreien,
Macht Passiertes zwar nicht völlig ungeschehen,
Doch werde ich es fortan entspannter sehen,
Widme mich wieder allein den angenehmen Dingen,
Beende die Selbstquälerei – es wird mir gelingen.

Verlorene Liebe

Du liebst mich nicht mehr
Das Verliebtsein ist lang her
Das verspüre ich
Leg die Karten aufn Tisch
Ich halt es schon aus
Ich verlass unser Haus
Du allein bleibst zurück –
In der Hoffnung auf ein neues Glück.

Kommt demnächst ein neues Zeitalter?

Gegenwärtig leben wir noch im Holozän,
Darunter ist ein Erdzeitalter zu verstehn.
Wissenschaftler schlagen vor, dass es nun Zeit für ein neues wär,
Und sie zaubern auch gleich den Ausdruck »Anthropozän« dafür her.

Damit ist »Das Zeitalter des Menschen« gemeint,
Und das klingt eminent plausibel, wie mir scheint:
Die menschlichen Eingriffe prägen die Erde seit geraumer Zeit,
Die gravierenden Folgen verspüren wir tagtäglich weit und breit.

Beispielhaft seien Klimawandel, Artensterben, Naturzerstörung
erwähnt,
Sie haben sich im Eiltempo quer über unseren Planeten ausgedehnt.
Der Mensch macht sich die Natur zu eigen, das wissen wir ja alle schon;
Eine Studie zeigt es: in einer atemraubenden Dimension.

Die Biomasse hat sich über die Jahre kontinuierlich reduziert,
Dem gegenüber ist die menschengemachte Masse geradezu
»explodiert«.
Alles was lebt, wie Pflanzen und Tiere, ist also schon massenhaft
verschwunden,
Hat etwa in Häusern, Straßen und Plastik künstliche »Nachfolger«
gefunden.

Dieses Produzierte ist inzwischen wohl erstmals schwerer als die
Biomasse,
Ehrlich gesagt empfinde ich diesen Rekord nicht unbedingt als große
Klasse;
Er verdeutlicht meiner Meinung nach allerdings schon sehr,
Dass der Wechsel zum Anthropozän durchaus richtig wär.

Egomanie macht einsam

Wer in einer Tour ausschließlich »Ich!« sagt
Und zu keiner Zeit nach anderen fragt,
Der darf vieles sein, aber keineswegs empört,
Wenn er eines schönen Tages kein »Du!« mehr hört.

Ganz schön viel regionales Tohuwabohu II

In einem sagenhaft harten Winter in Salzgitter
Streute ein fleißiger Junge zwecklos Salz aufs Gitter.

Es geschieht jedes Jahr zur gleichen Zeit in Rosenheim,
Da bringt er der Ehefrau zum Geburtstag Rosen heim.

An der renommierten FernUni Hagen
Bemüht sich nicht nur der fleißige Hagen.

Es ist aus Sicherheitsgründen dringend geboten,
Kriminellen und sehr aggressiven Chaoten
Auf einer illegalen Demo in Bad Soden
Ihre wild zuschlagenden »Pfoten« zu verknoten.

In Sachsen-Anhalt in der Ortschaft Hundeluft
Geht Frauchen mit den Hunden an die frische Luft.

Im winzigen Örtchen Kleinwölferode
Kamen im Wald kleine Wölfe zu Tode.

Eine Frau isst überreichlich vom Linsengericht,
Geht mit tüchtigen Bauchkrämpfen ins Bad und erbricht.
Ihr mehr als besorgter Mann fährt sie bei hundsmiserabler Sicht
Zum nahegelegenen Ärztezentrum in Linsengericht.

Nahe Brechen
Mitten in Hessen
Gabs ein Wettessen
Bis zum Brechen.

Er tat außergewöhnlich weh, der pralle Furunkel,
Nix wie hin zum Arzt, und der Patient eilte nach Runkel.

In Brandenburg nah bei Eberswalde
Sucht der Jäger den Eber im Walde.

»Das ist ein so hundsgemein mieser Lohn!«,
Bemängelt ein Lehrling in Iserlohn.

Zwei Nudisten fuhren mit den Rädern gen Italien
Und verbrannten sich auf der Alm ihre Genitalien.

In einer gemütlichen Kneipe in Oberfranken
Will ein uriger Schweizer anständig einen tanken.
Er brüllt: »Nimmt der Ober Franken?!«,
Und beginnt beim »Nein!« zu zanken.

Bei einem großen Autohändler gleich neben Macken
Beschwert sich ein Käufer über verheimlichte Macken.

Nach einer ausschweifenden Weinprobe in Bodenheim
Kriechen zwei maßlos Betrunkene aufm Boden heim.

Ein Tagesbesucher zog tierisch über Rottweil her,
Darum biss ihn ein mehr als eingeschnappter Rottweiler.

Im idyllisch gelegenen Idar-Oberstein
Bewirft Klein-Ida den kecken Ober mit 'nem Stein.

Ein Zahnarzt in Lahnstein
Entfernt grade Zahnstein,
Der Oberarzt in Warstein
Einen fetten Gallenstein.

In Langen im Hochsommer im absoluten Halteverbot
Schwitzt sich der arme Prüfling im Auto in langen Hosen tot.

Im Ehinger Ortsteil Deppenhausen
Werden freilich nicht bloß Deppen hausen.

Auch im Landkreis Haveland in der Gemeinde Kotzen
Wird gar mancher nach dem Komasaufen elend kotzen.

In einer Bäckerei in Kuchen
Gibts neben Brot auch massig Kuchen.
In Brotdorf in einer Bäckerei
Ist neben Brot auch Kuchen dabei.
Beide Angebote kann man getrost versuchen –
Das eine aus Brotdorf, das andere aus Kuchen.

Zuckerfabrik ... Papierfabrik ... Niederreißen?
Iwo! – Es sind nur Ortsteile, die so heißen.

Oberkaka, Meinkot, Pups, Kloschwitz, Kotzen und Pissen sind Orte,
Ulkige Namen – da fehlen garantiert nicht nur mir die Worte.

... noch dazu sind Elend, Sorge, Zorn, Hölle, Grab, Sargleben voll der Hit,
Aber es gibt noch viele mehr – ich komme mit dem Dichten
schwerlich mit.

Tierisches Flattern im Bauch

Schmetterlinge im Bauch
Hatten sie fraglos auch,
Sie flogen wieder raus,
Das Verliebtsein war aus.

Das Paar hatte Glück,
Sie flogen zurück,
Für die Ewigkeit –
Die Liebe braucht Zeit.

Chance verpasst

Acht Leute sitzen im Raum,
Sprechen miteinander kaum,
Tippen lieber ins Handy rein,
So, als wären sie ganz allein.

Nach zwei Stunden gehts zurück nach Haus,
Alle machen kurz ihr Handy aus:
»Tschüs, unser Treffen war wie gehabt genial.
Macht es gut, bis hoffentlich zum nächsten Mal.«

Noch keine drei Minuten daheim angekommen,
Wirds Handy aufs Neue in die Finger genommen.
Jeder fragt in die Runde, was es an Neuigkeiten gibt,
Denn die Chance aufn Smalltalk wurde zuvor ja versiebt.

Leider kein Enkelchen in Sicht

Ach, wie gern hätte ich ein Enkellein,
Aber es wird wohl so bald noch nicht sein.
Erst den Bachelor, obendrauf noch den Master;
Ich muss warten – es ist ein wahres Desaster!

Und wenn es später endlich soweit ist,
Bin ich vermutlich uralt – so ein Mist.
Kann man mit dem Rollator aufn Spielplatz gehn?
Werd ich mich mit viel jüngeren Opas verstehn?
Das sind Fragen, die quälen mich sehr,
Drum muss das erste Enkelchen her.

Ich appelliere an unsre Kinder, es sind stolze drei,
Dass es allerhöchste Eisenbahn fürs Babykriegen sei;
Das Frosch-Besteck schon lang in der Schublade liegt,
Und der Schnellste von ihnen es zur Taufe kriegt.
Meine Motivation ist anscheinend vollends verkehrt,
Ihre Reaktionen folglich nicht groß der Rede wert.
Ich hoffe nun insgeheim, dass es außer der Reihe geschieht,
Sodass das Erstgeborene in mir nicht den Uropa sieht.

Spieglein an der Wand

Ich schaue in den Spiegel und sehe nur mich,
Ich schaue wiederum und erblicke auch dich.
Du stehst aus heitrem Himmel dicht neben mir,
Durch die Magie des Spiegels sind wir jetzt vier.

~~Schuster~~ *Dichter bleib bei deinen ...!*

Gedichte zu schreiben mag ich sehr,
Fällt mir glücklicherweise nicht schwer.
Beim Malen dagegen bin ich faktisch ein Nulltalent,
Rar gesät, dass ein Betrachter zufällig was erkennt.

Drum dichte ich fröhlich weiter,
Mal mehr ernst – mal eher heiter,
Lasse ab meine Finger von Farbe und Pinsel,
Erspare mir so sicher einiges Gewinsel.

Weiße Pracht

Heute Nacht schneite es erstmals wieder richtig doll,
Draußen lag alles mit dem weißen Pulverzeugs voll.
Pflichteifrig nahm ich frühzeitig den Schieber zur Hand,
Den ich nach langem Suchen hinten im Keller fand.
Ich befreite penibel alle Wege und Treppen
Und blickte mich wehmutsvoll um nach anderen Deppen.
Weit gefehlt, die schliefen in aller Ruh,
Sie hatten recht, denn der Schnee schmolz im Nu.

Beim nächsten Flockentanz bleibe ich sofort im Haus,
Ich glaube, es rutscht ohnehin kein Schwein bei uns aus.
Falls es dennoch geschieht, bin ich nicht um ein Haar verdrossen,
Just dafür habe ich eine Police abgeschlossen.

Niederlagen mal etwas anders betrachtet oder: Trost für Verlierer?

Verlieren ist für mich die Kunst,
Eigne Stärken zu unterdrücken,
Um andere glücklich zu machen.
Obs tröstet? – Keinen blassen Dunst,
Es kann mitunter auch missglücken. –
Wurscht ... es ist gleichwohl zum Lachen.

Loslassen ist geraten!

Eines Tages sind die Kinderchen groß,
Manche Eltern lassen trotzdem nicht los,
Hängen sich nervtötend in alles rein,
Ohne jemals gefragt worden zu sein.

Das Verhalten tut in keinerlei Hinsicht gut,
Fördert bei Kindern nicht umsonst auch mal die Wut.
Erwachsenwerden muss man selbst erfahren,
Das gelingt ausgezeichnet mit den Jahren.

Besser – Eltern halten sich mehr zurück,
Vertrauen ihren »Ex-Kleinen« ein Stück,
Denn sie können weit mehr, als man gemeinhin glaubt,
Und kleine Tipps sind fallweise sehr wohl erlaubt.

Hört aber auf, ihnen über die Schulter zu schauen,
Das schafft das genaue Gegenteil von Selbstvertrauen.
Wenn ihr das beherzigt, so kann ich euch sagen,
Werden sie von selbst nach eurer Meinung fragen!

Wir sind das Nonplusultra

Wenn man Bilder aus uralten Zeiten sieht,
Ist es nicht selten, dass Folgendes geschieht:
Man lacht sich über Autos, Klamotten, Frisuren krumm,
Denkt:»Im Hier und Jetzt liegt das absolute Optimum.«

Trotzdem schaut man in hundert Jahren auf uns zurück:
»So ein klein bisschen waren die damals schon verrückt.
Seht euch nur deren schrägen Autos, Klamotten, Frisuren an;
Wir glauben fest, dass man unser Heutiges nicht mehr toppen kann.«

Nicht ganz so triviale Finale

Am Achtelfinale nehmen sechzehn teil,
Beim Viertelfinale sind es acht derweil.
Zum Halbfinale verbleiben noch vier,
Im Finale stehen zwei im Turnier.

Das wird öfters mal falsch interpretiert,
Weil die Zahl vor Finale irritiert.
Von Spielern oder ebenso Mannschaften reden wir,
So sind's im Halbfinale etwa die besagten vier.

Das klingt ohne Frage alles verteufelt schwer,
Doch das Chaos kommt nicht unbegründet daher.
Aber gleichgültig, was im Finale passiert:
Alleiniger Sieger ist der, der nicht verliert.

Tock – tock – tock!

Ein Specht klopft schon seit Tagen,
Zumeist nachts etwa gegen viertel vier,
Doch lieb ich ungelogen jedes Tier
Und werd den Lärm ertragen.

Entscheiden vermeiden mag ich gut leiden

Ich kann mich nur ganz schlecht entscheiden,
Das kann ich nicht die Bohne leiden.
Nehm ich dies oder doch besser das?
Wahnsinn, wie ich diese Frage hass!

Wenn endlich eine Entscheidung gefallen ist,
Empfinde ich sie in der Regel als den größten Mist.
Mach ich weiter am Gedicht oder hör ich auf zu schreiben?
Verflixt noch mal! Selbst diese Entscheidung mag ich nicht leiden.

Ich habs mir reiflich überlegt
Und den Stift beiseitegelegt.
Spätestens morgen werd ich wissen:
Fühl ich mich gut oder beschissen?

Im Ruhestand mach ich so allerhand

Wenn ich erst einmal Rentner bin,
Macht das Leben so richtig Sinn;
Ich mache nur noch, was ich will,
Vorbei ists mit dem ew'gen Drill.

Das Bett verlasse ich vermutlich relativ spät,
Wie rasch so ein Morgen ohne Arbeit vergeht.
Nach dem Duschen nehme ich ein deftiges Frühstück zu mir,
Anfangs Kaffee, hinterher das ein oder andere Bier.
Ich merke, dass ich durch Letzteres neuerlich schläfrig bin,
Lege mich infolgedessen auf mein trautes Sofa hin.

Ich stehe das zweite Mal auf und habe irren Hunger,
Sicherlich vom vielen Alkohol – nicht vom Rumgelunger.
Nach dem Essen gehe ich gemächlich spazieren,
Dann werde ich mich möglicherweise rasieren.
Aber zuvor gibt es Tonnen von Keksen und Kuchen,
Ich habe vor, jeden Tag was Neues zu versuchen.

Der viele Süßkram haut mich heftig nieder,
Daher ist etwas Ruhe gefragt – mal wieder.
Schon naht das schmackhafte Abendessen,
Das darf ich um keinen Preis vergessen.
Jetzt die Beine hoch und die Kiste an,
Schön, dass man unbekümmert glotzen kann.
Das laufende Zappen macht mich schachmatt,
Und bis zum Hals bin ich auch noch nicht satt.
Ich werfe mir noch husch, husch was Winziges ein,
Um die Uhrzeit muss das schlicht und ergreifend sein.

84

Nachts um zwei werde ich mit einem Schlag wach,
Im spannenden Film gabs wohl doch zu viel Krach.
Ich schalte den Fernseher aus, schleppe mich todmüde ins Bett,
Nach all den Strapazen gleich einzuschlafen wäre supernett.

Und dieses Prozedere geht jeden Morgen von vorne los,
Ich frage mich unterdessen: »Wie überstehe ich das bloß?«.
Ich greife zum Hörer und rufe meine Ex-Firma an,
Ob sie mein Können nicht noch eine Weile gebrauchen kann.
Schwerlich zu glauben, der alte Chef gibt direkt zu allem sein Okay,
Ich überlege mir im Ernst, wie lange ich diesen Stress übersteh.

Für immer und ewig

Zwei Menschen sind bereit
Für die schönste Zeit
Die Hochzeit
Die Gemeinsamkeit
Die Glückseligkeit
Unaufhörlich
Also für immer
Bis zum Tod
Bis in alle Ewigkeit ...

Ein Fitzelchen Nostalgie schadet nie

Zeit meines Lebens schaue ich zurück,
Finde im Hier und Heute kaum mein Glück,
Denke andauernd allein an frühere Tage,
Das ist für mich echt eine grauenhafte Plage.
Auch andre nervt es zeitweise unter Garantie,
So ist das mit der übertriebenen Nostalgie.

Ich muss es schaffen, noch mehr im Heute zu leben,
Nicht endlos gedanklich am Gewesenen kleben;
Trotz allem sei mir das Nostalgischsein bitte erlaubt –
Aber mäßig, sonst werde ich meiner Gegenwart beraubt!

Der Regenbogen:
Ein Zeichen des Bundes zwischen Mensch und Gott

Ein Regenbogen am Himmel stand,
Ein pracht'ger, farbenfroher Streifen;
Gott reicht uns damit seine Hand –
Und wir sollten nach ihr greifen!

Die »liebe« Gräte

Unser Nachbar hat eine Gräte in den Hals gekriegt,
Das Kerlchen ist daran beinahe bestialisch erstickt.
Der Notarzt macht fix einen Luftröhrenschnitt
Und nimmt den Armen im Rettungswagen mit.

Fische liegen dem lieben Gott anscheinend enorm am Herzen,
Vielleicht sorgen ihre Gräten daher manchmal für Schmerzen.
Wären diese Wassertierchen nur etwas weniger privilegiert,
Hätten sie sichtbare Knochen und dem Unglückspilz wäre nichts
passiert.

Die Zahlen eins bis zehn einmal anders gesehn

Acht der ersten zehn Zahlen* haben der Buchstaben vier,
Bei der Sechs ist noch ein Buchstabe mehr dabei,
Beim Nachfolger – der Sieben – sogar derer zwei.
Und was soll bitte dieses Buchstaben-Zahlen-Gewirr?
Keine Ahnung, es fiel mir vor Kurzem spontan ein.
Ich komm auf dreiundvierzig, das ist definitiv nicht verkehrt,
Doch die Summe hat pädagogisch wohl eher weniger Wert,
Somit lass ich die Rechnerei ab jetzt besser sein.

Obwohl, im Moment steigt ein neuer Gedanke in mir empor:
Einen Nutzen wird diese ausgeklügelte Methode ganz bestimmt bringen,
Die Fähigkeit, mental zwischen Buchstaben und Zahlen hin und her
zu springen. –
Aus diesem Grund nehm ich mir die nächste Zahlenreihe vor.

* Nur ganze positive Zahlen, also ohne die Null.

Fehler sind erlaubt!

Kennt ihr »Durch Fehler wird man klug,
Darum ist einer nicht genug«?
Wilhelm Busch hat das genau richtig erkannt,
Ohne Fehler sind wir zum Stillstand verbannt.
Traut euch mithin ruhig mal Fehler zu machen,
Es gibt wahrlich weitaus fatalere Sachen ...

Fehler sind im Normalfall Investitionen,
Die sich unterm Strich zumeist zeitlebens lohnen.
Schimpft andere also nicht aus, wenn sie Fehler bauen,
Das raubt ihnen nämlich fast jegliches Selbstvertrauen.
Helft ihnen vielmehr, passierte Fehler prompt zu korrigieren,
Sodann wird zweifelsohne was gänzlich Sinnvolles passieren:
Man wird beträchtlich an wertvollen Erfahrungen gewinnen,
Drum sollte ein offener Umgang schon bei Kindern beginnen.

In Wirklichkeit sieht es hingegen überwiegend anders aus,
Für Fehler bekommen wir das krasse Gegenteil von Applaus.
Man wird vielfach beschimpft, beleidigt, gar degradiert,
Bis man logischerweise jedweden Mut verliert;
Wird womöglich sogar an den Pranger gestellt,
Selten, dass hierauf irgendwer zu einem hält.

Dieses Vorgehen ist als Strategie durch die Bank verkehrt,
Als Folge dessen werden Fehler untern Teppich gekehrt.
Doch wie soll man draus lernen und sie geradebiegen,
Wenn sie still und heimlich im Verborgenen liegen?

Insoweit sage ich am Ende nur:
Willkommen offene Fehlerkultur.
Fehler sollte man als Chance begreifen,
Denn an ihnen kann ein jeder nur reifen!

Deutsche Sprache, schwere Sprache

Druck-Erzeugnisse wie Bücher
Gibt es zum Lesen auf der Welt,
Drucker-Zeugnisse hingegen
Werden zur Bewertung ausgestellt.

Auf die Position des Bindestrichs kommt es an,
Wie man an diesem Beispiel sehr gut sehen kann.
Stellt euch jetzt das Ganze ohne die Striche vor,
Das eröffnet Missverständnissen Tür und Tor:
Der Begriff Druckerzeugnisse würde dort stehen,
Und jeder könnte was andres drunter verstehen.

Das Gezeigte beweist ein weiteres Mal sehr,
Die deutsche Sprache ist ungeheuerlich schwer.

Ein zweites Beispiel möchte ich noch geben:
Musiker-Leben und Musik-Erleben.
Zum ersten Begriff fällt mir momentan das einer Geigerin ein,
Der zweite könnte das Hören ihres Violinkonzertes sein.

Unser Wortschatz hält diverse dieser Fälle versteckt,
Ich bin mir sicher, dass ihr einige davon entdeckt.

Dieses Singular-Paar ist wunderbar

Die Wörter »Hunger« und »Durst« gibts nur im Singular,
Das hatte ich bisher nicht bewusst aufm Radar.
Eine Pluralform von beiden existiert demgemäß nicht –
Gut so, denn ein Mehr an Hunger und Durst schlägt bös aufs
Gewicht.

(Ein Substantiv, das nur im Singular vorkommt, wird als Singularetantum [das]
bezeichnet. Das Gegenteil nennt man Pluraletantum [das].)

Ein Zukunftsgedicht aus heutiger Sicht

Zukunft
Alles ist offen
Großes Bedenken
Schweigsames Hoffen.

Zukunft
Wird zum Jetzt
Schon demnächst
Schwer gehetzt.

Zukunft
Wird zur Vergangenheit
Geringfügig später
Unaufhaltsame Zeit.

Zukunft
Zerrinnt tagaus, tagein
Bevorstehendes Ende
Dahinschwindendes Sein ...

Das Karies-Männchen

Kinder mögen oft das Zähneputzen nicht,
Mütter und Väter kennen das Klagen,
Nur deswegen schreibe ich dieses Gedicht,
Damit lässt sich die Unlust verjagen.

Ihr schaut eurem Nachwuchs in den Mund,
Bewegt die Augen achtsam hin und her,
Danach tut ihr dem »Verweig'rer« kund:
»Das Karies-Männchen tut sich mächtig schwer,
Es hat ein Presslufthämmerchen im Gepäck,
Leuchtet mit seiner Helm-Lampe alles aus,
Doch haben wir's erblickt in seinem Versteck
Und befördern es jetzt mit Gefühl hinaus.«

Ihr putzt mit der Bürste, sachte und nicht gehetzt,
Und sagt schließlich überzeugt zu eurem Kleinen:
»Das Karies-Männchen blieb wie immer unverletzt,
Ist derweil fort und alles wieder im Reinen.«

Unseren Jungs hat es riesigen Spaß gemacht,
Die Tochter ist weiter leicht traumatisiert;
Schnuppe, wir haben wenigstens drüber gelacht,
Oft, dass sie beim Arzt ihr Bewusstsein verliert.

Ihr könnt es ja auch gerne mal ausprobieren,
Das mit unsrer Tochter ist natürlich nicht wahr,
Es kann echt so gut wie nichts Arges passieren,
Sie ist annähernd so normal, wie sie einst war.

Bei Noten ist Differenzierung geboten

Die einen Noten sind Symbole für Töne in der Musik,
Komponisten kreieren damit wohlklingende Melodien.
Die anderen Noten haben die Leistungsbewertung im Blick,
Geringstenfalls die Hälfte von ihnen ist regelrecht verschrien.

Die Musiknoten mag ich von Kindesbeinen an,
Sie tun nämlich nicht im Geringsten irgendwem weh.
Bei Schulnoten ist klar, dass man das nicht sagen kann,
Und ihre Neutralität bezweifle ich seit je.

Der frühe Vogel fängt ...

»Der frühe Vogel fängt den Wurm.«
Was soll mir das bitte sehr sagen?
Ich bin doch keine Amsel im Sturm
Und hätte das Vieh ungern im Magen.

Wir sind eins!

Über drei Jahrzehnte sind wir vereint,
Kein Ehepaar – wir Deutschen sind gemeint.
Trotzdem hapert es noch an vielen Ecken,
Doch müssen wir uns keinesfalls verstecken.

Das Verschmelzen zweier Länder ist superschwer,
Plötzlich kommen zwei fremde Kulturen daher,
Die sich mal ebenso zu einer verbinden sollen –
Eine Mammutaufgabe, selbst wenn alle es wollen.

Wir brauchen Geduld, Verständnis, Zuversicht;
Neid, Frustration, Gehetze hingegen nicht.

Wir sind ein Volk, das felsenfest zusammengehört,
Noch von Ossis und Wessis zu reden ist gestört.
Hören wir auf, solche Unterscheidungen zu machen,
Ich kann darüber mittlerweile echt nicht mehr lachen,
Weil genau das einem festen Zusammenwachsen im Wege steht
Und das schon Erreichte zum Teil wieder in alle Winde verweht!

Unfassbar viele Menschen

Auf unserer Welt leben knapp unter acht Milliarden Menschen heute.
Wie viele sind es wohl seit der Erdentstehung gewesen, ihr Leute?
Tatsächlich beschäftigen sich erzgescheite Gelehrte mit dieser Frage;
Was sie herausgefunden haben, fördern die folgenden Strophen zutage.

Ihr könnt ja mal versuchen, selbst die Anzahl zu schätzen,
Lasst euch bei dieser Aufgabe bloß nicht von mir hetzen.
Wie viele Menschen haben je das Licht der Welt erblickt?
Sie ist zugegebenermaßen weit mehr als verzwickt.

Derweil ausgebrütet? Mein Tipp lag himmelweit daneben,
'ne unfassbare Menge war insgesamt schon am Leben:
Rund hundertzehn Milliarden (!) haben Forscher ausgemacht.
Hättet ihr das im Vorfeld etwa annähernd gedacht?

Einen Fakt sollten wir uns am Schluss alle zwingend noch vor Augen
führen:
Dahinter stehen Tote, deren Schicksale uns irgendwie berühren,
Und mit ein paar von ihnen standen wir in engem Kontakt,
Doch der gigantische Rest bleibt für uns auf Dauer abstrakt ...

Hoppla, der Winter ist da!
(Bereit für die nächste Jahreszeit?)

Der Winter ist reingeschneit,
Kaum jemand fühlt sich bereit.
Keiner hatte wohl gedacht,
Dass er derart flink erwacht,
Weil's so überraschend war,
Schließlich ists »erst« Februar.

Das Wetterchaos macht oft bedrückt,
Der Winter wird dennoch nicht verrückt:
Drei feste Monate wie eh und je –
Natürlicherweise fällt auch mal Schnee.

Sodann steht sie bereit,
Die nächste Jahreszeit,
Der Frühling atmet auf,
Und jeder freut sich drauf.
Danach fliegt die Hitze herbei,
Mit ihr beginnt die Schwitzerei.
Und ist der Sommer erst vorbei,
Folgt ihm der Herbst, so nebenbei.
Schon kurz drauf ists uns erneut kalt,
Was solls – genauso ist das halt!

Sp(r)itzenmäßiges Learning by Doing

Vor zwei Tagen war ich beim Check-up,
Ich fühle mich immer noch arg schlapp.
Blutabnehmen war angesagt,
Und der Hausarzt hat mich gefragt,
Ob der Praktikant mich piksen darf.
Ich war darauf nicht sonderlich scharf,
Doch bei irgendwem muss es ja sein,
Und nur deshalb willigte ich auch ein.

Achtmal stach der arme Junge vorbei,
Aus Rücksicht unterließ ich mein Geschrei.
»Tut es Ihnen weh?« –
»Nee, ist schon okay.«

Mein armer Arm sieht aus wie Sau,
Über und über schwarz und blau.
Das nächste Mal sage ich auf jeden Fall »Nein!«,
In mich sticht nicht noch einmal so ein Stümper rein.

Wiegenlied »Guten Abend, gut Nacht« hat mir Angst gemacht

Der Satz »Morgen früh, wenn Gott will, wirst du wieder geweckt«
Aus Brahms Wiegenlied hat mich als Kleinkind endlos erschreckt.
Ich hatte furchtbare Angst, dass der liebe Gott es nicht will,
Lag in meinem Bettchen voller Todesfurcht mucksmäuschenstill.

Gottlob ging es gut, ich bin erwachsen und nicht tot,
Dennoch gilt bei uns für das Lied ein striktes Verbot.
Unsren Kindern haben wir Harmloseres vorgesungen,
Und auch damit ist uns ihr Einschlafen stets gut gelungen.

Schäfchenzählen kann quälen

Wenn ich nachts wieder mal nicht einschlafen kann,
Fange ich wie üblich mit dem Zählen an:
Drei ... zwölf ... siebzig ... neunzig Schafe,
Schade, dass ich noch nicht schlafe.
Hundert ... sechshundert ... tausendzehn,
Jetzt muss ich mal zum Kühlschrank gehn.
Der Hals ist vom Zählen sautrocken geworden,
Am liebsten würde ich die Viecher ermorden.
Bei dreitausendfünf beende ich die Zählerei,
Das letzte Schäfchen springt laut blökend an mir vorbei.
Dummerweise wirkt diese Einschlafmethode seit Neuestem fast nie,
Ich frag mich daher so langsam, wer ihr den tadellosen Ruf verlieh.

In meiner Verzweiflung sprudelt 'ne Idee aus mir heraus:
Ich tausche die hektischen Schafe gegen Faultiere aus.
Schon kriechen sie in meinen Gedanken still an mir vorbei,
Und ich werde Gott sei Dank mehr und mehr ermüdet dabei.
Bereits beim siebten Faultier schlummere ich richtiggehend feste ein,
Wegen ihres Tempos dürfte es nach gut drei Stunden gewesen sein.

Der Wecker schrillt, ich bin hundemüde und habe Ruhebedarf,
Ist kein Wunder, es waren zusammen nicht mehr als zwei Stunden
Schlaf.

Gute Vorbilder oder: Mein lieber Schwan

Fast jede zweite Ehe geht heut kaputt,
Manche davon liegen in Asche und Schutt.
Wir müssten es wie die Schwäne machen,
Bei denen gibts keine halben Sachen:
Haben sie sich erst das Jawort gegeben,
Bleiben sie zusammen ihr ganzes Leben.

Freier Glaube ja – Intoleranz nein!

»Jeder soll nach seiner Façon selig werden«, sagte schon Friedrich der
Große,
Und das ist auch noch nach so langer Zeit alles andere als Quatsch
mit Soße.

Egal ob Agnostiker*, Atheist, Buddhist, Hindu, Jude, Muslim ... oder
Christ,
Ein freies Bekenntnis ist für uns Menschen ein elementares Gut, wie
ihr wisst.
Ich plädiere deswegen dafür, dass jeder anstandslos das eines
anderen akzeptiert
Und in aller Welt keinerlei Intoleranz gegenüber Andersgläubigen
existiert;
Zudem der Glaube keinesfalls die Kostbarkeit eines Menschen
bestimmt –
Sondern vor allem zählt, wie er sich gegenüber anderen benimmt!

* Agnostiker schließen die Existenz Gottes nicht aus, halten sie aber für nicht
beweisbar.

Halt – häusliche Gewalt!

»Häusliche Gewalt,
Tja – die gibt es halt.«
So dürfen wir keinesfalls denken,
Sondern vehement gegenlenken.
Seit Jahren sind hohe Zahlen zu beklagen,
Und es geht sogar den Kindern an den Kragen:
Manche Eltern sind überfordert mit der Situation,
Sie malträtieren schließlich die Tochter und/oder den Sohn.

Auch Gewalt gegen (Ex-)Partner gibt es bei uns in großer Zahl,
Fast alle drei Tage stirbt sogar jemand dadurch – ein Skandal!
In der deutlichen Mehrzahl aller Fälle sind es Frauen, gegen die es geht,
Gleich, ob es sich um physische, psychische oder sexuelle Gewalt dreht.

Sobald wir Gewalt vermuten oder gar sehen,
Müssen wir den Opfern tunlichst zur Seite stehen
Und Gewalt nicht stillschweigend akzeptieren,
Bis die abscheulichsten Dinge passieren ...!

Klar – das erfordert einen sehr mutigen Schritt,
Aber wir helfen den Betroffenen damit:
Man öffnet ihnen über eine lange Zeit verriegelte Türen
Und trägt dazu bei, Täter ihrer gerechten Strafe zuzuführen.

Jedes Gelenk ist ein Geschenk

Wenn wir keine Ellenbogen hätten,
Gäbe es mächtig Probleme – wetten?
Wir könnten mit den Händen unser Gesicht nicht berühren,
Als Folge weder Essen noch Trinken zum Munde führen.

Essen müssten wir wie ein Hund,
Kopf runter und ab in den Mund.
Fürs Trinken könnten wir 'n Strohhalm nehmen,
Zumindest dabei müssten wir uns nicht schämen.

Der liebe Gott hat sich ganz offensichtlich was dabei gedacht,
Sonst hätte er uns selbstredend ohne Ellenbogen gemacht.
Jetzt stellt euch vor, wir könnten unsere Knie nicht bewegen,
Was dann wäre, das kann mal jeder für sich selbst überlegen.

Frühling: Die Zeit des Aufblühens macht sich breit

Frühling:
Alles Leben erwacht,
Die liebe Sonne lacht.

Frühling:
Bote für Glückseligkeit,
Der uns vom Frieren befreit.

Frühling:
Alles wird grün,
Fängt an zu blühn.

Frühling:
Tiere werden wiederentdeckt,
Sie hielten sich lange versteckt.

Frühling:
Vogelgezwitscher stört die Morgenruh,
Das kann nerven, gehört aber dazu.

Frühling:
Auch die Menschen gehen wieder raus,
Verlassen mehr als im Winter das Haus.

Frühling:
Brücke zwischen extremen Zeiten,
Vom Winter in den Sommer gleiten.

Frühling:
Was wären wir alle wohl ohne dich? –
Um einiges ärmer, ganz sicherlich!

Ein Gedicht kann eine Brücke sein

Ein Gedicht
Vergisst man nicht,
Denn Gedichte sind Brücken
Für unsre Gedächtnislücken.

Kein kosmisches Märchen:
Die Sonne und der »Rote Riese«

Unsere Sonne spendet Wärme und Licht,
Ohne sie gäbe es irdisches Leben nicht.
In Milliarden von Jahren bläht sie sich zum »Roten Riesen« auf,
Dann nimmt das menschliche Schicksal seinen unabwendbaren Lauf:
Zunächst werden die Temperaturen für Lebewesen unverträglich sein,
Später verleibt sich der Rote Riese einige unserer Planeten ein.

Uns heute und schier unendliche Folge-Generationen betrifft das
noch nicht,
Der Gedanke an das Daseinsende macht trotzdem betroffen aus
jetziger Sicht.
Ich denke aber schon, dass wir Menschen auch dieses Problem
überwinden,
Eine rosige Zukunft in einem anderen Sonnensystem finden. –
Vorausgesetzt natürlich, dass Menschen dann überhaupt noch
existieren,
Ich für mich jedenfalls möchte den Glauben daran nur ungern
verlieren.
Doch was ist in ein paar Milliarden Jahren, wer weiß das schon? –
Mutmaßungen darüber sind und bleiben Spekulation.

Bei Brüchen muss man mit allem rechnen

In einer Bäckerei flatterte jüngst Folgendes in meine Ohren rein:
»Für den bevorstehenden Besuch von Mitgliedern aus dem
Gesangsverein
Brauche ich unübertrefflich köstlichen Kuchen
Und würde gern gleich hier eine Auswahl versuchen.«

Als die Entscheidung gefallen war, ging es nun um die Menge,
Derweil gabs in dem Laden bereits ein richtiges Gedränge.
Die Verkäuferin riet, für jeden Gast einen viertel Kuchen zu
kalkulieren,
Der Kunde widersprach, er würde es bevorzugt mit einem Drittel
probieren,
Weil ein Viertel viel zu viel für einen sei,
Kaufte das Zeug und verließ die Bäckerei.

Mit Brüchen haben es einige nicht so,
Das hörte ich öfters auch schon anderswo.
Ein Drittel ist mehr als ein Viertel, das wissen die Kenner,
Verwirrend ist für gar manchen allein die Zahl im Nenner,
Denn die Vier ist eben größer als die Drei,
Doch da ist oben noch der Zähler dabei.
Bei vielen Brüchen, und das ist wirklich zu dumm,
Ist es leider zu oft genau anders herum:
Das heißt, die kleinere Zahl im Nenner bedeutet im Ergebnis mehr*,
Es wäre womöglich leichter, aber völlig falsch, wenn es anders wär.

*Dies gilt bei gleichen Zählern wie z. B. $\frac{1}{3} > \frac{1}{4}$, bei abweichenden kommts drauf an,
also z. B. $\frac{7}{8} > \frac{2}{7}$, aber $\frac{5}{7} > \frac{3}{8}$.

16:8 hat mir keinen Spaß gemacht
oder: Manches Intervall hat einen Knall

Intervallfasten ist schwer in Mode,
Ich faste mich jetzt auch fast zu Tode.
Sechzehn Stunden lang gar nichts essen,
Das kann ich für mich voll vergessen.

Ich habe mir die Umkehr-Kur ausgedacht:
Acht Stunden nichts essen während der Nacht,
Dann sechzehn Stunden beliebiges Essen am Tag –
Das ist mal 'ne Kur, die ich leidenschaftlich gern mag.

Keine Spur von zu viel Kultur!

»Zu viele Ausländer verfremden unser Land.« –
Ich finde solche Behauptungen allerhand.
Kulturvielfalt ist ein Geschenk, alle können von ihr profitieren;
Das erfordert aber auch, dass wir uns gegenseitig respektieren!

Suche nach Leben auf dem roten Planeten

Habt ihr die Panoramabilder von der Marsoberfläche gesehen?
Die waren derart gestochen scharf, als würde man selbst dort oben
stehen.
Bei all den vielen Themen berichten die Medien eher am Rande davon,
Für mich ist die Landung des Mars-Rovers* aber schon eine echte
Sensation.

Hypermodern ausgestattet bewegt er sich an diesem weit entfernten Ort
Und hat sogar Mikrofone sowie einen kleinen Hubschrauber mit an
Bord.
Jetzt sucht er nach Spuren von mikrobiellem Leben und sammelt
Gesteine ein,
Das wird voraussichtlich nur ein Teil seiner bevorstehenden
Aufgaben sein.

Sind wir gespannt, was wir Neues über den roten Planten erfahren;
Zeit ist genug – diese Mission endet geplant erst in etwa zwei Jahren.

* Sein Name ist »Perseverance«, was für Ausdauer und Durchhaltevermögen steht.

Ungeliebtes Silvester

Silvester ist wieder mal in Sicht,
Ich mag das triste Silvester nicht.
Null Uhr – die Jahreszahl springt eins weiter,
Das stimmt mich traditionell nicht heiter.

Gleichwohl feiern wir abermals hinein ins neue Jahr,
Grade um die Ecke bei einem befreundeten Paar.
Ich wäre von Herzen gern zu Hause geblieben,
Doch was macht man nicht alles für seine Lieben.

Keine Seltenheit: Permanente Unzufriedenheit

Nicht wenige Menschen hadern beständig mit sich und der Welt,
Sei es mit ihrem Leben an sich, mit dem Job oder dem Geld;
Hätten gerne solche Dinge, über die sie nicht verfügen,
Denn nur diese fehlen noch zum uneingeschränkten Vergnügen.

Ich behaupte nicht, dass mir das nicht auch dann und wann widerfährt,
Halte es nichtsdestotrotz aber für hochgradig verkehrt.
Selbstverständlich gibt es Menschen, denen es nicht blendend geht,
Und ich denke, dass man deren Unzufriedenheit versteht.
Allerdings meckert die große Mehrheit grundlos auf hohem Niveau,
Andere wären in ihrer Lage mehr als zufrieden und froh. –
Das sollten wir uns zwischendurch schon mal zu Gemüte führen,
Dann werden wir garantiert eine angemessene Zufriedenheit
verspüren!

Wenn diese Bären bloß woanders wären

»Die sind ja so putzig, die kleinen Bären,
Wenn sie nur nicht bei uns zu Hause wären.«

Waschbären gelten hier seit längerem als Plage,
Sind nachtaktiv, also kaum zu sehen am Tage,
Wühlen im Hausmüll, ramponieren Dachisolierungen und Beete,
Klettern Fallrohre hoch und beschädigen selbst Elektrogeräte.

Na klar können Betroffene nicht wirklich drüber lachen,
Weil die »Maskenträger« ihnen mächtigen Ärger machen.
Bei allem Verständnis bin ich in die Kerlchen dennoch geradezu verliebt
Und hoffe daher, dass man ihnen ihre kühnen Beutezüge stets vergibt.

Alles hat ein Ende

Ich beende jetzt die Dichterei,
Irgendwann ist alles mal vorbei.
Es folgt als Ausnahme kein Gedicht –
Ich wünsche mir sehr, es stört euch nicht.

Toleranz besteht aus vielerlei

NachsichT
OffenheiT
MenschLichkeit
vErständnis
LibeRalität
DuldsAmkeit
AnerkeNnung
WeitherZigkeit